LISBOA
EN 2 DÍAS

EL PAÍS El Viajero city

LIS

5 paseos por Lisboa

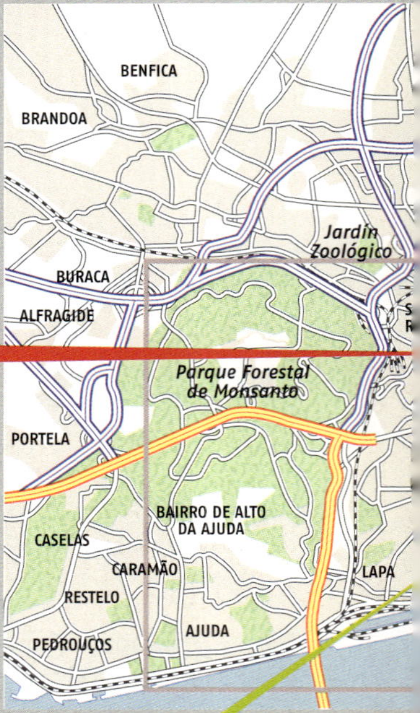

Aeropuerto
ortela de Sacavén
PARQUE DAS NAÇOES
OLIVAIS SUL
TERESINHAS
BRAÇO DE PRATA
CAMPO PEQUENO
CHELAS
OLAIAS
MARVILLA
MADRE DE DEUS
LISBOA
GRAÇA
BAIRRO ALTO
ALFAMA
BAIXA
Río Tajo

PASEO 2
Avda. Boa Esperança
Avda. Boa Esperança
Avda. do Atlántico
Avda. Dom João II
Ps. Vasco de Gama
Ps. Fernão de Magalhães
Ps. Cristovão Colombo
Bojador
Alameda dos Oceanos
Vía Recíproca
Avda. Berlim
Rossio dos Olivais
PARQUE DAS NAÇOES
Cais Português
Avda. Mediterráneo
Esplanada D. Carlos I
Avda. Ulisses
D. Fuas Roupinho
Walter Raleigh
Chen He
Paseo de Neptuno
200 m
1
2
3
4
5
6
6
7
8
9

3

Calhariz de Benfica
Parque Zoologico
Avda. Berna
Avda. da República
Avda. Roma
Praça de Espanha
MADRE DE DEUS
Eixo Norte-Sul
Parque Forestal de Monsanto
Parque Eduardo VII
Avda. Almirante Reis
Autopista Lisboa-Cascais
Avda. da Liberdade
Jardín Botánico
GRAÇA
Universidad Técnica de Lisboa
ESTRELA
ALTO
AJUDA
BAIXA
Avda. 24 de Julho
Río Tajo
BELÉM
Avda. da India
PASEO 5
2 km
1
2
3
4
5
6
7
8
9
10
11

Mapa del centro de Lisboa

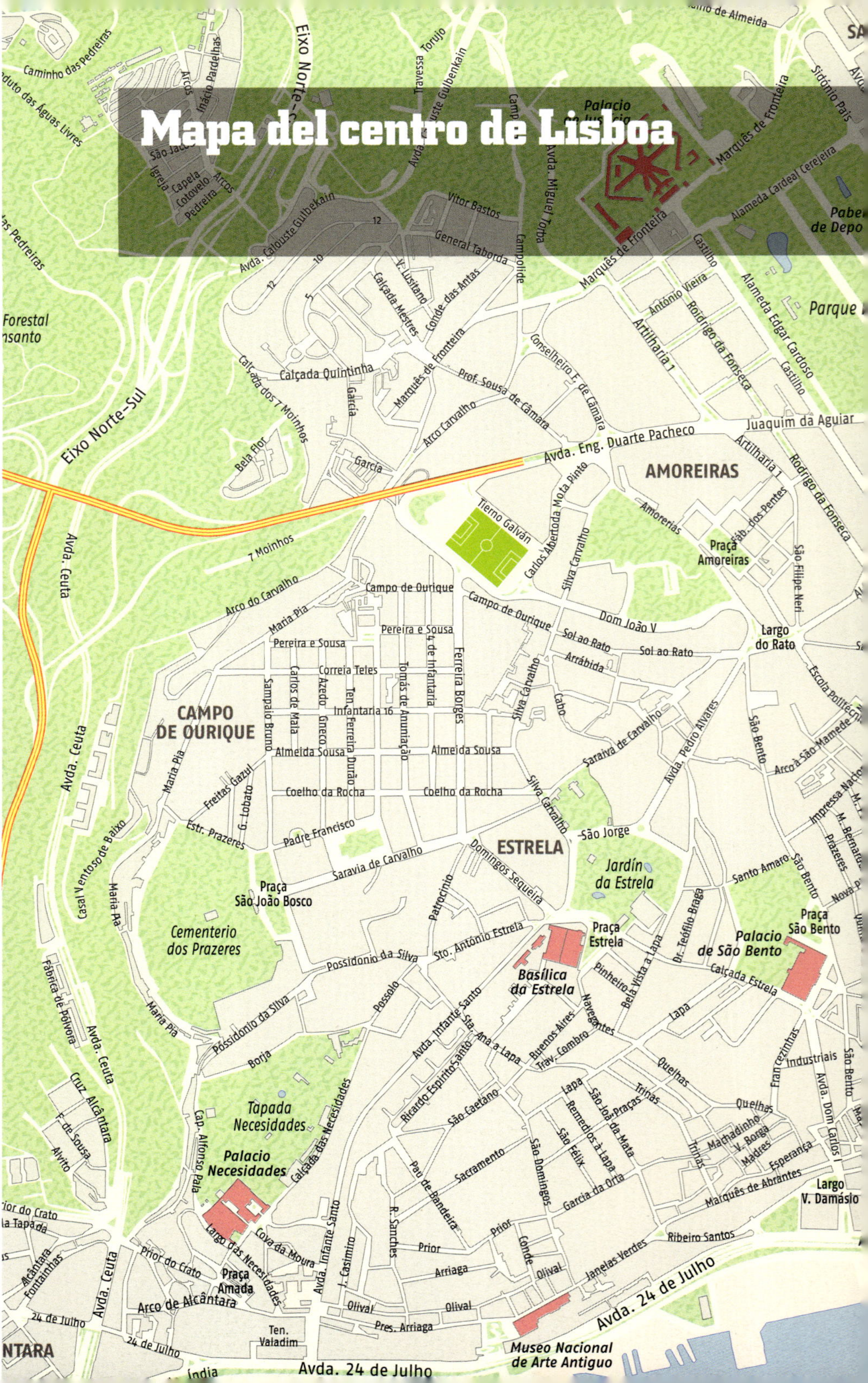

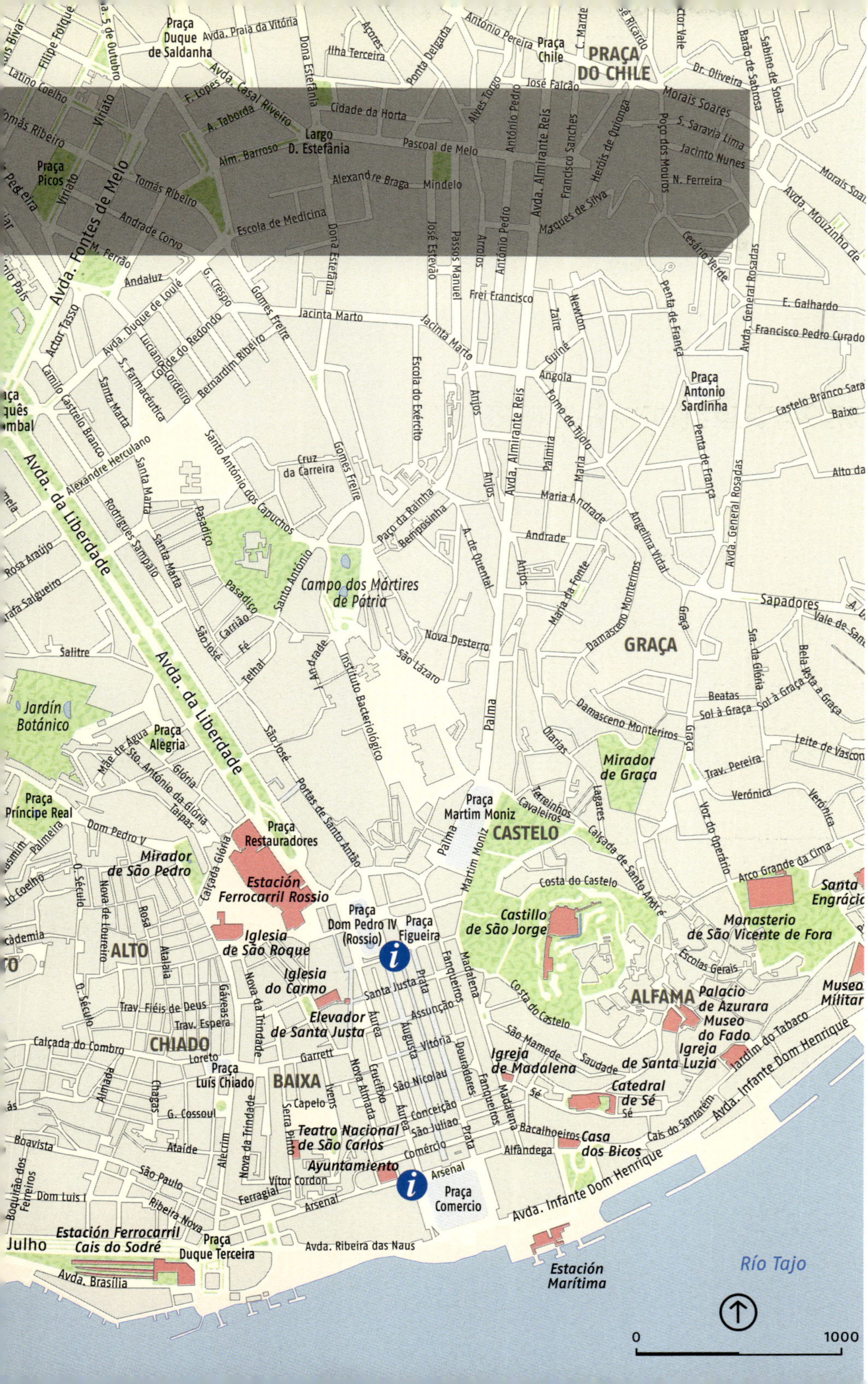
Praça Duque de Saldanha
Avda. Praia da Vitória
Avda. 5 de Outubro
Filipe Folque
Latino Coelho
Tomás Ribeiro
Praça Picos
Viriato
Avda. Casal Ribeiro
F. Lopes
A. Taborda
Alm. Barroso
Largo D. Estefânia
Dona Estefânia
Ilha Terceira
Açores
Ponta Delgada
Cidade da Horta
Pascoal de Melo
Alexandre Braga
Mindelo
Escola de Medicina
Andrade Corvo
M. Ferrão
Avda. Fontes de Melo
António Pereira
Praça Chile
PRAÇA DO CHILE
C. Marde
José Falcão
Alves Togo
António Pedro
Avda. Almirante Reis
Francisco Sanches
Heróis de Quionga
Marques de Silva
Poço dos Mouros
Morais Soares
S. Saravia Lima
Jacinto Nunes
N. Ferreira
Dr. Oliveira
Barão de Sabrosa
Sabino de Sousa
Avda. Mouzinho de
Cesário Verde
José Estevão
Passos Manuel
Arroios
Frei Francisco
Newton
Zaire
Guiné
Angola
Forno do Tijolo
Penta de França
Avda. General Rosadas
E. Galhardo
Francisco Pedro Curado
Praça Antonio Sardinha
Castelo Branco Sara
Baixo
Alto da
Andaluz
G. Crespo
Gomes Freire
Jacinta Marto
Escola do Exército
Anjos
Actor Tasso
Avda. Duque de Loulé
Luciano Cordeiro
Conde do Redondo
Bernardim Ribeiro
S. Farmacêutica
Santa Marta
Camilo Castelo Branco
Alexandre Herculano
Rodrigues Sampaio
Avda. da Liberdade
Santo António dos Capuchos
Cruz da Carreira
Paço da Rainha
Bempostinha
Palmira
Maria
Maria Andrade
Andrade
A. de Quental
Maria da Fonte
Angelina Vidal
Pasadiço
Campo dos Mártires de Pátria
Santo António
Carrião
Fé
São José
Tethal
Andrade
Instituto Bacteriológico
Nova Desterro
São Lázaro
Damasceno Monteiros
GRAÇA
Sapadores
Vale de Santo
Sra. da Glória
Bela Vista à Graça
Beatas
Sol à Graça
Leite de Vasconcelos
Rosa Araújo
Salgueiro
Salitre
Jardín Botánico
Mãe de Água
Praça Alegria
Sto. António da Glória
Glória
Taipas
Portas de Santo Antão
Palma
Olarias
Mirador de Graça
Trav. Pereira
Verónica
Praça Principe Real
Dom Pedro V
Palmeira
Praça Restauradores
Calçada Glória
Mirador de São Pedro
Estación Ferrocarril Rossio
Praça Martim Moniz
Martim Moniz
Terreinhos
Cavaleiros
CASTELO
Lagares
Calçada de Santo André
Voz do Operário
Arco Grande da Cima
Santa Engrácia
O. Século
Nova de Loureiro
Rosa
Atalaia
Academia
ALTO
Iglesia de São Roque
Praça Dom Pedro IV (Rossio)
Praça Figueira
Costa do Castelo
Castillo de São Jorge
Monasterio de São Vicente de Fora
Escolas Gerais
Iglesia do Carmo
Santa Justa
Prata
Fanqueiros
Madalena
Gáveas
Nova da Trindade
Trav. Fiéis de Deus
Trav. Espera
Elevador de Santa Justa
Áurea
Augusta
Assunção
Vitória
Douradores
ALFAMA
Palacio de Azurara
Museo do Fado
Museo Militar
Calçada do Combro
CHIADO
Loreto
Praça Luís Chiado
Garrett
BAIXA
Nova Almada
Crucifixo
São Nicolau
São Mamede
Saudade
Igreja de Madalena
Igreja de Santa Luzia
Jardim do Tabaco
Avda. Infante Dom Henrique
Almada
Chagas
G. Cossoul
Ivens
Capelo
Serpa Pinto
Conceição
São Julião
Sé
Catedral de Sé
Bacalhoeiros
Casa dos Bicos
Cais do Santarém
Boavista
Ataíde
Alecrim
Teatro Nacional de São Carlos
Comércio
Alfândega
Boqueirão dos Ferreiros
São Paulo
Ayuntamiento
Arsenal
Vítor Cordon
Ferragial
Dom Luís I
Ribeira Nova
Praça Comercio
Avda. Infante Dom Henrique
Estación Ferrocarril Cais do Sodré
Julho
Praça Duque Terceira
Avda. Ribeira das Naus
Avda. Brasília
Estación Marítima
Río Tajo
0
1000

Lisboa en un vistazo

La cultura de la diversidad y el mestizaje

El Chiado y el Barrio Alto conforman el corazón de la Lisboa más culta, refinada, mestiza y popular. Son los lugares de encuentro y las principales zonas de ocio nocturno. La oferta es variada: a una buena cena le puede acompañar un concierto o un sencillo paseo.
Página 14

Alfama, la Lisboa rompe-piernas

La **Alfama**, cuna del fado, es un barrio de estrechas calles, barato, sonriente y castizo; representa la Lisboa más alegre y popular.
Página 26

Lisboa y el estuario del Tajo

Situada en la margen derecha del estuario del Tajo, dos puentes unen Lisboa con la otra orilla: el Veinticinco de Abril y el Vasco da Gama, construido durante la Expo de 1998. Página 38

Lisboa en 48 horas

¿Has paseado por las estrechas calles del barrio de Alfama? ¿Has visto la torre de Belém o el *Monasterio* de los Jerónimos? ¿Y la Rua Garrett o la Fundación Gulbenkian? ¡Descubre todo esto y mucho más en sólo dos días? Página 44

Datos útiles de Lisboa

Todas las respuestas a las preguntas más frecuentes. ¿A qué hora abre el Museo Arqueológico do Carmo? ¿Cuál es la especialidad del restaurante Pateo 13? ¿Dónde llevar a los niños? Página 54

LISBOA
EN 2 DÍAS
El Viajero city
LIS

Sumario

LISBOA EN DOS DÍAS
Segunda mañana
09.00
PADRÃO DOS DESCOBRIMENTOS
10.00
LA TORRE DE BELÉM
10.30
CENTRO CULTURAL BELÉM

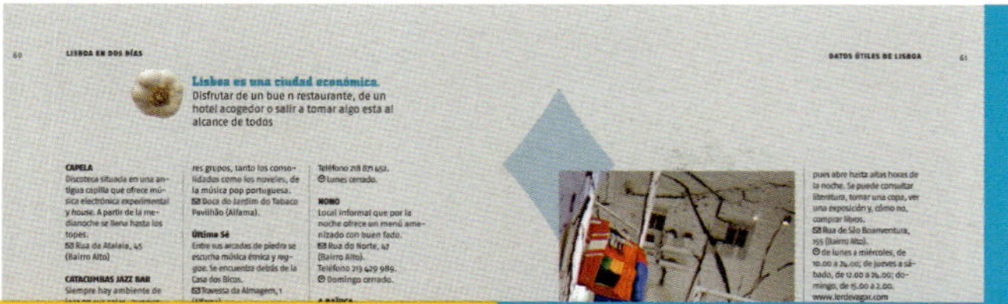

Página
44

La sección "48 horas" está estructurada en dos mañanas y dos tardes.

Datos útiles de Lisboa

Página
54

Los mejores sitios para dormir, comer, tomarse una copa con la mejor música o en el mejor ambiente. ¡Sin olvidar los museos y las mejores tiendas de la ciudad!

5 paseos por Lisboa

1

DE LA BAIXA
AL BAIRRO ALTO

La ciudad señorial

"Vende sueños y olor de mar, / tempestades pregona. / Su nombre propio: María; / su apellido, Lisboa". Siempre decimos Lisboa. En singular. Como si sólo hubiera una. Como si el fado de Amália fuese cierto. Pero no. Lisboas hay varias. Cada una con su carácter, con sus olores y sabores, con su personalidad: la Lisboa bien dispuesta y señorial del Bairro Alto y del Chiado y la Lisboa rápida y llana, ocupada y comercial, la de la Baixa.

El Chiado y el Barrio Alto forman el cogollo de la Lisboa más culta, bonita, refinada y de diseño, mestiza y sofisticada; allí conviven la ropa tendida, los locales de moda y las sombras de Camoens, Eça de Queiroz, Pessoa y sus heterónimos, los dioses laicos de un país donde hasta los lectores del popular diario *Correio da Manhá*, para que no se diga, escriben sus cartas al director en verso.
La ruta empieza en la Praça do Comércio ❶, también conocida como Terreiro do Paço por los lisboetas, con sus paradas de tranvías. En medio de la plaza se levanta la estatua ecuestre de José I pisoteando una serpiente como símbolo del poder absoluto del monarca. Destaca, entre los edificios con soportales, un impresionante Arco de Triunfo que da acceso a la Rua Augusta y a todo el barrio de Baixa. El barrio fue destruido por un devastador terremoto en 1755 y reconstruido posteriormente.

El centro neurálgico
La ruta pasa por el Arco de Triunfo y continúa por la Rua Augusta ❷, la calle principal de la Baixa. Al llegar a la Rua de Santa Justa se debe torcer a la izquierda para contemplar el elevador de Santa Justa, interesante estructura metálica neogótica construida en 1901 por Raoul Mesnier, discípulo de Gustave Eiffel, para unir la Baixa con el barrio del Chiado. De frente por la Rua Augusta llegamos a la bulliciosa Praça de Rossio,

↑ La Praça de Rossio, también llamada de Pedro IV, es el centro neurálgico de Lisboa; al fondo, el Teatro Nacional Doña María II, de factura neoclásica.

← La Praça do Comércio (plaza del Comercio), más conocida por Terreiro do Paço, fue el escenario de la Revolución de los Claveles.

auténtico centro neurálgico de la ciudad. Es un buen momento para tomar un *pringado* (cortado) en la terraza del café Nicola ❸, decorada al estilo *art déco*. Muy cerca, en la contigua Praça Dom João da Camara, está la espectacular *estação* de Rossio ❹, estación de ferrocarril de finales del siglo XIX con dos puertas en forma de herradura que imitan el estilo manuelino. Desde allí podemos seguir hasta el inevitable barullo de la Praça de Restauradores para hacer un alto y tomar una *ginja*, bebida de cereza, mientras se contempla el teatro Doña María y la antigua estación del ferrocarril.

ESCULTURA ECUESTRE

Un rey que no es tal

Parece ser que el autor de la estatua de Pedro IV, el escultor francés Elias Roger, en lugar de tallar la efigie del monarca envió a los portugueses una estatua de Maximiliano de México que guardaba ya terminada en su almacén.

Siguiendo la Rua Nova do Trindade, se llega a la *cervejaria* Trindade, ❼ donde sirven excelentes cervezas.

Antes de subir al Bairro Alto podemos acercarnos a la Praça do Principe Real ❺, que con su nombre redundante es para muchos una de las plazas más bonitas de Lisboa. Antesala del marchoso Bairro Alto por un lado, y del barrio de São Bento, donde están las galerías y los anticuarios, por el otro, Principe Real forma un cuadrado perfecto, o al menos lo parece, y su jardín lleno de árboles y sombras invita a pasear y a quedarse a leer. En una esquina tiene un quiosco donde la caña (imperial) sabe a gloria, y en otra hay un cenador que da comida hasta tarde y donde algún domingo se puede ver almorzar al escritor António Lobo Antunes. Muy cerca están el ya clásico bar Pavilhão Chinés, antigua casa de especias, con sus buenas copas y su colección de jarras-retrato, y al otro lado el Jardín Botánico, con su olor decimonónico y su sorprendente variedad de palmeras.

Entrada a la *estação* de Rossio, estación de ferrocarril de finales del siglo XIX con dos puertas en forma de herradura de estilo manuelino.

De la Liberdade a la Gloria

En el inicio de la Avenida da Liberdade parte el elevador da Gloria, un funicular que une la Baixa con el Bairro Alto, antigua zona aristocrática hoy convertida en un bullicioso barrio lleno de modernísimas boutiques, bares de copas y restaurantes que le dan vida por la noche.

Lo primero que se debe hacer en el Bairro Alto es ir al mirador de São Pedro de Alcântara 6, en realidad un jardín abalconado desde donde se obtiene una amplia panorámica de la Baixa con la colina del Castelo de São Jorge enfrente.

Otro buen mirador es el alto de Longo, que ofrece una vista estupenda del río y el puente del 25 de Abril (antes Salazar). Desde este alto y por unas escaleras llegamos a la Rua de O Século, bajando la cuesta a mano izquierda está el Snob, un bar de actores y políticos sin cartel donde hacen la cena a la vista del cliente; y hay una tienda de tatuajes frente al Convento dos Cardeaes (visitas, de 14.30 a 17.30). O Século abajo llegamos a la Rua da Academia das Ciencias, que nos saca del barrio a la derecha para un breve paseo y ver un par de galerías de arte y un restaurante de buena pinta llamado Consenso. Volviendo, podemos subir al barrio por la enroscada Rua João Ferreira da Rosa, donde están el restaurante Brasuca, para llegar enseguida al ya conocido Convento dos Inglesinhos.

Rua da Rosa

Poco más abajo, en la Travessa da Queimada, se puede comer o cenar bien en el Alfaia (un clásico agradable y resucitado) o continuar hasta Gáveas, en busca del célebre pulpo con almejas de Sinal Vermelho. El corazón del barrio es la Rua da Rosa, que lo atraviesa de norte a sur. En Rosa esquina a Agua da Flor está el Catacumbas Jazz Bar, y tomando Atalaia arriba tenemos restauración local básica (Bizarro: ensalada, 3 euros); el ambiente del bar Chueca (*caipirinha*, 3,50 euros); un

CAFÉ BRASILEIRA

El rincón más literario de Lisboa

El café Brasileira es toda una institución en Lisboa, pues en su día fue muy frecuentado por literatos e intelectuales, entre los que se encontraba el poeta Fernando Pessoa.

"¡Ah! La angustia, la abyecta rabia, la desesperación / De no yacer en mí mismo desnudo / Con ánimo de gritar, sin que sangre el seco corazón / En un último, austero alarido". Versos como éstos salieron de la pluma de Fernando Pessoa en el Brasileira, la cafetería *art déco* fundada a principio del siglo XX en el Chiado como tienda de café brasileño. Aunque muy frecuentado por turistas, sigue siendo un punto de referencia entre los lisboetas. Entre 1920 y 1950 se convirtió en punto de encuentro de diversos artistas y escritores, entre los que destacaba Pessoa. Una estatua de bronce le recuerda en una de las mesas de la terraza.
(Barrio de Chiado; Rua Garrett, 120, teléfono 213 469 548).

ANIMADA TERRAZA del célebre café A Brasileira, en el barrio de Chiado.

marroquí diminuto, Ali a Papa (cuscús, 7,50 €), y el tailandés fino Sukhothai.

Reconstruida tras el incendio

El recorrido continúa por las cercanas ruinas de la gótica *igreja* do Carmo 8, ya en el barrio del Chiado, en su día la mayor de Lisboa, destruida en el terremoto de 1755, cuando se derrumbó sobre los fieles que asistían a un oficio religioso.

El núcleo central del barrio del Chiado resultó muy afectado por un tremendo incendio que se declaró el 25 de agosto de 1988. El arquitecto Álvaro Siza recibió el encargo de reconstruir todo el barrio salvaguardando su identidad y sus edificios más emblemáticos. En la Rua do Carmo 9 y la Rua Garrett 10 hay locales de gran solera, como el célebre café Brasileira.

Un emporio de la ópera

A poca distancia, en la Rua Serpa Pinto, está el Teatro Nacional de São Carlos 11, construido a finales del siglo XVIII siguiendo el modelo de la Scala de Milán. La última cita de esta ruta es el Museo Nacional do Chiado, que ocupa el antiguo convento de São Francisco da Cidade; muestra pinturas, esculturas y dibujos de artistas portugueses desde el romanticismo al modernismo, y cuenta con una galería de exposiciones temporales.

EL ELEVADOR DE SANTA JUSTA, interesante estructura metálica neogótica construida en 1901; es el único ascensor urbano vertical de los que hay en Lisboa.

LUGARES DE INTERÉS DESTACADOS.

1 Praça do Comercio 2 Rua Augusta 3 Café Nicola (praça de Rossio) 4 Estação de Rossio (praça Dom João da Camara) 5 Praça do Principe Real 6 Mirador de São Pedro de Alcântara 7 Cervejaria Trindade (rua Nova do Trindade) 8 Igreja do Carmo (Largo do Carmo)
9 Rua do Carmo
10 Rua Garrett
11 Teatro Nacional de São Carlos (rua Serpa Pinto)

2

EL PARQUE DAS NAÇOES

Donde Lisboa se abre al río

La celebración de una Exposición Internacional en 1998 cambio la faz de Lisboa. Fue el revulsivo que la vieja Lisboa necesitaba para entrar en el siglo XXI con un gesto renovado. Una ingente inversión pública y el trabajo de los mejores arquitectos del momento transformaron el viejo barrio industrial de Xabregas, a orillas del río, en el Parque das Nações, ahora la mejor zona de ocio para los lisboetas.

La mejor forma de llegar al Parque das Nações (www.parquedasnacoes.pt), situado en la ribera del Tajo, al este de la ciudad, es en metro. La estación de Oriente, punto final de la línea *vermelha* (roja), da acceso al complejo. Diseñada por el arquitecto español Santiago Calatrava, es una construcción singular con estructuras de hormigón, vidrio y acero que se entrelazan, cuya perspectiva se admira mucho mejor desde fuera. Está decorada con azulejos de artistas internacionales como Hiundertwasser o Zao Wo Ki.

Vidrio y agua

Al salir y cruzar la avenida Dom João II se llega al **centro comercial Vasco da Gama ❶**, ya dentro del Parque das Nações, inaugurado en 1999, que acoge 164 establecimientos comerciales. A primera vista es idéntico a tantos otros de cualquier ciudad europea, con las mismas conocidas *boutiques*, tiendas y marcas de ropa que se encuentran por doquier, pero si el viajero presta atención, encontrará un elemento que lo singulariza: el agua que se ve circular por las paredes de vidrio ayuda a la climatización del interior y lo dota de una luz cálida que parece ondular. Tras recorrer las galerías a distintos niveles hay que seguir caminando en dirección al río.

Se deja a la izquierda una bolera con más de treinta pistas y a la dere-

↑ **El Oceanário** está considerado el mayor acuario de Europa e intenta concienciar a los visitantes sobre la necesidad de conservar la riqueza de la vida marítima.

← **El puente Vasco da Gama,** con la torre del mismo nombre al fondo, una de las grandes infraestructuras creadas gracias a la Exposición de 1998.

cha el edificio que sirvió de motor y corazón a aquel evento, el pabellón de Portugal, obra de uno de los arquitectos portugueses más brillantes, Álvaro Siza, en colaboración con otra gran figura, Eduardo Souto de Moura. El edificio es un homenaje a los marinos portugueses que crearon un imperio para este pequeño país y un reencuentro, según el propio Siza, entre una ciudad que vivió de espaldas al río y la luz y el agua que la rodean. Durante la Expo estuvo dividido en tres áreas expositivas: sueños, mitos y realidades, en las que la utilización de nuevas tecnologías puso al edificio en los antípodas del museo convencional.

UN PABELLÓN SINGULAR

A bordo de un tren eléctrico

El elemento más representativo del pabellón de Portugal, de Siza y Souto de Moura, es la enorme cubierta blanca sin apoyos centrales que hace las veces de espacio de ceremonias al aire libre.

Cruzar el puente Vasco da Gama en coche es espectacular. En su parte más baja se tiene la sensación de navegar sobre las aguas terrosas del estuario del Tajo.

Aun así, su parte más emblemática es la singular y enorme cubierta sin apoyos centrales que hace las veces de espacio de ceremonias al aire libre pero cubierto; ahora es la sede del Consejo de Ministros. Hay un *posto de informação* donde facilitan planos de todo el recinto. Más adelante vemos el **Pavilhão Atlántico ❷**, un edificio en forma de nave invertida proyectado por el arquitecto Regino Cruz que durante la Expo fue conocido como el Pabellón de la Utopía. Alberga un auditorio polivalente con frecuentes conciertos (información en www.pavilhaoatlantico.pt).

Se debe continuar hasta llegar prácticamente a orillas del Tajo y torcer a la izquierda para deambular por una interesante zona de parques y jardines (los ***jardins* Garcia de Orta ❸**) donde hay varios restaurantes ideales para tomar un tentempié. En el extremo del

↑ **En la zona ribereña** del Parque das Nações se encuentran los *jardins* da Água, recintos acuáticos pensados para el descanso.

recinto, pasada la **zona de atracciones Adrenalina** ❹, se levanta la torre Vasco da Gama, de 145 metros de altura. La torre es otro de los iconos del Parque das Naçoes y de la Expo del 98. Es obra también de Regino Cruz y se alza justo en el arranque del puente Vasco da Gama por el que la autopista salva el estuario del Tajo, otra gran infraestructura creada gracias a la Exposición de 1998. La base tiene forma de barco y en su cúspide hay un **restaurante panorámico** ❺ con la mejor vista de esta nueva cara de Lisboa y su río. Para comer, es más que recomendable el restaurante japonés Aya, en las torres gemelas de la Rua de Campolide, dentro del propio recinto de la Expo.

El mayor acuario de Europa

Un pequeño **teleférico** ❻ (sólo funciona los festivos y fines de semana) discurre por encima de la orilla del río durante un recorrido de 1,2 kilómetros en el que se ve el Parque das Nações en su conjunto y, por el otro lado, el Tajo con el moderno puente Vasco da Gama.

En la estación final del teleférico está el **Oceanário** ❼, una de las estaciones más interesantes de toda la ruta, sobre todo si se viaja con niños. Está considerado el mayor acuario de Europa y el segundo del mundo e intenta concienciar a los visitantes sobre la necesidad de conservar la riqueza marítima del planeta (vale la pena ir leyendo los mensajes que, de forma intermitente, se van proyectando en la rampa de entrada al recinto). En el gran acuario central pueden verse nadar tiburones, mantas gigantes, rayas y grandes bancos de peces. Además, se muestran otros cuatro espacios donde se recrean los ecosistemas de los océanos Ártico, Índico, Pacífico y Atlántico.

A pie o en bicicleta

Visitado este recinto acuático único, vale la pena descansar en los cercanos ***jardins* da Água** ❽, donde, al igual que ocurre en los *jardins* Garcia de Orta, se

EL ESTUARIO DEL TAJO

Flamencos a un paso de la ciudad

Al noreste del Parque das Nações, más allá del puente Vasco da Gama, se extiende la Reserva Natural do Estuário do Tejo, una zona pantanosa muy adecuada para la observación de aves.

Esta reserva natural ocupa la mitad interior del estuario y constituye un ecosistema único, especialmente interesante en invierno, cuando anidan más de cuarenta mil aves zancudas migratorias, como las avocetas y las cercetas; también alberga flamencos y moluscos. Con suerte puede verse algún ejemplar de delfín mular. Aunque se observa desde el mismo Parque das Nações, para llegar a la zona protegida hay que ir en bicicleta o en taxi en dirección a Alberca, donde está una de las entradas del parque, o tomar un *ferry* hacia Montijo. La Sociedade Portuguesa para o Estudo de Aves (www.spea.pt) organiza excursiones a la reserva.

VISTA PANORÁMICA del estuario del Tajo, que alberga la Reserva Natural do Estuário do Tejo.

exponen al aire libre esculturas contemporáneas de artistas portugueses e internacionales; las esculturas cónicas recubiertas de cerámica son, en realidad, surtidores que dejan escapar agua de manera aleatoria para crear un efecto refrigerante en verano.

La última cita del Parque das Nações es el **Pavilhão do Conhecimiento** ❾, que alberga un museo interactivo consagrado a las ciencias y las nuevas tecnologías.

Esta ruta está pensada para realizarse a pie, pero puede hacerse a golpe de pedal alquilando una bicicleta en uno de los tres puntos que hay frente al centro Vasco da Gama, de Adrenalina o del Oceanário.

De la Expo al Zoológico

Si tras el itinerario los más pequeños quieren seguir visitando cosas antes de volver al hotel, se puede tomar el metro, hacer transbordo en Alameda y Baixa-Chiado, y llegar al **Jardim Zoológico** ❿, en el otro extremo de la ciudad, una de las curiosidades más raras y anacrónicas de Lisboa. Ese zoo no es propiamente un zoo, sino lo que los románticos llamaban una casa de fieras. A pesar de que se ha adaptado a la modernidad del acuario, su encanto sigue respirando un aire clásico. Los árboles, los caminos, los ladrillos, los animales y las cuestas tienen un aspecto de otra época.

El teleférico discurre por encima de la orilla del río; a la izquierda, la torre Vasco da Gama.

LUGARES DE INTERÉS DESTACADOS.

❶ Centro comercial Vasco da Gama (Parque das Nações) ❷ Pavilhão Atlántico (Parque das Nações) ❸ Jardins Garcia de Orta (Parque das Nações) ❹ Zona de atracciones Adrenalina (Parque das Nações) ❺ Restaurante Panorâmico (torre Vasco da Gama; Parque das Nações) ❻ Teleférico (Parque das Nações) ❼ Oceanário (Parque das Nações) ❽ Jardins da Água (Parque das Nações) ❾ Pavilhão do Conhecimiento (Parque das Nações)

3

LA LISBOA MEDIEVAL

Hacia el Castelo de São Jorge por las *calçadinhas* de Alfama

Esta ruta nos lleva a esa Lisboa bien dispuesta, todavía pueblerina, barata y sonriente (hay niños, y juegan de noche en las calles), de los barrios castizos (Alfama, Mouraría, Graça, Bica...), esa Lisboa popular que el día de San Antonio se pone guapa, se echa a la calle, asa sardinas y come caracoles con sangría blanca.

Alfama es la vieja Lisboa de las *vielas* (callejones) inclinadas con el río al fondo, de las tascas honestas de *frango* (pollo) y *peixe a la grelha*, de los elevadores de Gloria y Bica con su fantasía anti-Newton. La terracita del mirador de Alfama es una delicia al atardecer, y junto a ella pasa el eléctrico (el tranvía) más bonito del mundo, el célebre 28, que sube y baja y sube otra vez su alegría amarilla desde Graça, más arriba aún de la mejor vista aérea de la ciudad, la del Castelo de São Jorge, hasta Prazeres; el muy recomendable (para visitar) cementerio, ya muy cerca de ese barrio tan pessoano, tan clase media, tan rutinario y tan poco conocido que es Campo de Ourique: allí está la Casa de Pessoa.

Ésa es, en parte, la Lisboa rompe-piernas, pero a la vez espléndida de belleza de las siete colinas (São Vicente, Santo André, Castelo, Santa Ana, São Roque, Chagas y Santa Catarina). Como Roma,siete, pero sin fanfarronear tanto.

Esa sufrida vida diagonal, empinada y a cámara lenta, hecha de cuestas inhumanas y ancianos muy bien entrenados en escaleras tan duras de subir como bonitas de ver, todo sobre un empedrado del diablo, paradójico, que prohíbe los tacones altos pero arregla los muslos blandos y los culos *baixinhos*, ésa es quizá una de las grandes marcas de Lisboa.

El **Castelo de São Jorge** ❶, visita imprescindible en el barrio, ofrece una de las más afamadas y fotografiadas

↑ **El Castelo de São Jorge** sufrió en 1755 los efectos del terremoto que devastó prácticamente toda Lisboa; reconstruido en 1938, cuenta con amplios jardines.

← **Típica escena** del castizo barrio de Alfama.

vistas de la ciudad. Su origen se remonta a época romana, aunque luego fue un asentamiento musulmán y más tarde una fortaleza medieval lusa. En 1755 sufrió los efectos del terremoto que devastó prácticamente toda Lisboa; reconstruido en 1938, cuenta con amplios jardines. Desde el antiguo patio de armas se alcanzan unas espléndidas vistas de la Baixa y el Bairro Alto, especialmente a primera hora de la mañana. Hay que subir a las torres de Ulises, de Menágem, de la Cisterna, del Palacio y de São Lourenço; desde esta última se domina una panorámica única de la ciudad desde un nuevo ángulo.

En las antiguas dependencias reales

EN DIRECTO

La música más nostálgica

En el Museo do Fado e da Guitarra Portuguesa, dedicado a la historia del fado, puede verse la guitarra portuguesa de 12 cuerdas. También programan actuaciones en directo.

En el Castelo de São Jorge se proyecta *Olisspónia*, un espectáculo multimedia que muestra la historia de Lisboa.

se puede contemplar *Olisspónia*, un espectáculo multimedia que muestra la historia de Lisboa. Y en la torre de Ulises, la primera al entrar en el *castelejo*, hay una cámara oscura en la que puede verse la ciudad proyectada por un periscopio.

Una vieja mesa de *backgammon*

Del Castelo, se sigue hacia el Museo de Artes Decorativas, situado en el antiguo **palacio de Azurara** ❷ (Largo das Portas do Sol, 2). En las salas del museo se expone mobiliario del siglo XVI al XIX y hay habitaciones de época. A la riqueza de una mesa de *backgammon* del siglo XVIII tallada en madera de palisandro, oscura y brillante, o de las alfombras de Arraiolos, se une la austeridad de los lóbregos dormitorios. Contención y esplendor portugueses. En otro sector del palacio se encuentran los talleres de oficios, en los que se realizan réplicas de muebles antiguos, lámparas y encuadernaciones.

Cerca de aquí está el **mirador de Santa Luzia** ❸, junto a la **Igreja de**

El Castelo de São Jorge ofrece una de las más afamadas vistas de la Baixa y el Bairro Alto.

Santa Luzia ❹, desde donde se obtienen nuevas panorámicas de la capital lusa. Bajamos ahora por las empinadas callejuelas de Alfama hacia la Sé ❺, (catedral), una de las pocas construcciones que salieron ilesas del terremoto de 1755. Tiene un impresionante aspecto de fortaleza, con dos torres almenadas en su fachada principal, más propias de un castillo que de un templo. De su época románica conserva sólo parte de la portada y del claustro. Antes de entrar, además de las dos torres, hay que prestar atención al enorme rosetón que se apoya sobre la puerta principal. Se puede acceder al claustro desde el interior del templo. Se trata de una construcción gótica de dos pisos, del siglo XIV, con arcos ojivales. Al salir de la Sé se encuentra la antigua Pide, vieja prisión donde estuvo encerrado el ex presidente Mário Soares antes de la Revolución de los Claveles. En la fachada hay una placa que reza: "Aquí / do silencio das gavetas / da pátria amordaçada / dos peitos desfeitos pelas torturas da pide / subiu o clamor da liberdade / floriu Abril".

Frango y *vinho verde*

El barrio de Alfama está lleno de pequeños restaurantes populares, sin lujo alguno, pero con mucho sabor local y unas grandes planchas en la calle donde se asan pescados, pollos *(frango)* y mariscos. Todo ello acompañado de un buen *vinho verde* o con denominación de origen Alentejo, Bucelas, Algarve o Carcavelos. Un local modesto pero con buenas pitanzas es A Tuna (Calçada de Sâo Vicente, 78). A Tasca da Sé (Rua Augusto Rosa, 62, junto a la catedral) ofrece platos caseros. A Tasquinha (Largo do Contador Nor, 6) es otra taberna típica y muy frecuentada por locales y turistas.

Si desde la Sé tomamos el Largo de Santo António da Sé se llega a la pequeña igreja de Santo António ❻, iniciada en 1767 sobre un templo anterior del que se conserva la cripta. Para volver al corazón del barrio de

NOCHE DE FADOS

Jóvenes fadistas requiebran la *saudade* en Alfama

Cenar en una casa de fados es un clásico de la noche portuguesa. Pero hay que llevar cuidado. Abundan los locales seudoturísticos con precios desorbitados. En Alfama se ubican algunas de las más genuinas y populares casas de fados.

Casas de fados hay muchas en Lisboa, pero es en Alfama donde se localizan los locales más sólidos y genuinos de este arte. Suelen ser interpretados por una sola voz, acompañada a la guitarra, y los temas inciden machaconamente en la melancolía, la nostalgia, el desamor y las pequeñas historias mundanas.

Bacalhau de Molho (218 865 088). Beco Armazéns Linho, 1. Lisboa.

Clube de Fado (218 852 704). São João da Praça, 94. Lisboa.

Parreirinha de Alfama (218 868 209). Beco Espírito Santo, 1. Lisboa.

ESPECTÁCULO DE FADO en un restaurante de Alfama.

Alfama hay que dar media vuelta y caminar por la Rua dos Bacaslhoeiros hasta llegar a la **Casa dos Bicos** ❼, antiguo palacio construido en el siglo XVI que en su día hizo las funciones de almacén de sal.

Entre *escadinhas y calçadinhas*

A partir de ahí lo que resta es perderse por las callejuelas y por las intrincadas escaleras de Alfama para descubrir en propias carnes qué es un *beco* (calle tortuosa y muy estrecha), unas *escadinhas* (pequeñas escaleras), una *travessa* (calle transversal), una *calçadinha* (pequeña calle muy empinada) o un patio (normalmente el extremo de una calle sin salida). Bajando por el Largo do Chafariz de Dentro se llega al **Museo do Fado e da Guitarra Portuguesa** ❽, el lugar indispensable para quienes quieran conocer más de la canción portuguesa. Fue inaugurado en 1998 y conserva más de 14.000 piezas entre instrumentos musicales, fotografías, discos, partituras y objetos de lo más diversos, siempre en relación con el fado. Se debe terminar en la cercana **Taberna do Embuçado** ❾ (Beco dos Curtumes, 10), una de las más famosas casas de fado del barrio, un local de decoración vetusta y viguería a la vista que recuerda una bodega o caballeriza donde cada noche se mezclan turistas y locales.

La Sé (la catedral), una de las pocas construcciones que salieron ilesas del terremoto de 1755, tiene un impresionante aspecto de fortaleza.

LUGARES DE INTERÉS DESTACADOS.

❶ Castelo de São Jorge ❷ Palacio de Azurara ❸ Mirador de Santa Luzia ❹ Igreja de Santa Luzia ❺ Sé ❻ Igreja de Santo António ❼ Casa dos Bicos ❽ Museo do Fado e da Guitarra Portuguesa ❾ Taberna do Embuçado

4

LA LISBOA MODERNA

Bulevares, parques y centros de arte en la ampliación de Pombal

La ciudad constreñida entre colinas, callejones mohosos y patios de vecindad acaba en la Avenida da Liberdade, la gran arteria de la ampliación decimonónica de la ciudad. Un bulevar con pretensiones que el marqués de Pombal diseñó para desatascar ese caos humano que es la Lisboa medieval. Más diseminado y con menos personalidad que los barrios tradicionales, esta Lisboa que creció por la llanura a partir del XIX ofrece tiendas, edificios soberbios, arte contemporáneo y esos espacios amplios y diáfanos de los que carece el casco histórico.

En tiempos de la dictadura de Salazar, Agripino Grieco, un escritor y crítico brasileño, estuvo en Lisboa. Un prócer del régimen le llevó a ver esa avenida, y abriendo los brazos gritó henchido de orgullo: "¡Vea esta maravilla! ¡Es nuestra Avenida da Liberdade!". A lo que Grieco contestó: "¿Y cuándo piensan inaugurarla?". Hoy, el paseo por la **Avenida da Liberdade** ❶ honra a su nombre y tiene casi de todo: terrazas para tomar café, árboles exóticos, casas señoriales venidas a menos o abandonadas desde la Revolución de los Claveles, aparcacoches, tiendas caras, tiendas baratas, hoteles con vistas (la del Tívoli es soberbia), letras y dibujos fantasiosos en las aceras y un tráfico veloz, como de autopista urbana.

El paseo puede empezar en la **Praça dos Restauradores** ❷, que ocupa el extremo inferior de Liberdade. La travesía a pie de los 1,3 kilómetros que tiene la arteria principal del centro histórico lisboeta desde Restauradores a la plaza del Marqués de Pombal lleva unos 20 minutos a buen paso y toda una mañana si uno de detiene a deleitarse con sus amplias aceras arboladas y cubiertas de adoquines con figuras geométricas y sus edificios decimonónicos, algunos muy venidos a menos.

↑ **Tras un buen almuerzo,** un tranquilo paseo para ver tiendas y talleres de artesanía.

← **El parque de Eduardo VII,** de estilo afrancesado, desde donde, debido a la inclinación del terreno, puede verse una amplia panóramica de la ciudad con el río Tajo al fondo.

La Avenida da Liberdade es esa otra Lisboa abierta, ancha, bolsista y también llana pero mucho más cara, y más blanca y pretenciosa, que reserva sorpresas como el antiguo **Cinema Tívoli ❸**, neoclásico, o la **Casa Lambertini ❹**, con mosaicos de colores. A la altura de la Avenida Barata Salgueiro está la **Cinemateca Portuguesa ❺**, filmoteca de ambiente informal donde los cinéfilos podrán ver cine de vanguardia luso, y de paso visitar un pequeño y poco conocido Museo del Cine.

Si es la hora de comer o de cenar, subiendo por Liberdade hasta la Rua Alexandre Herculano y torciendo a la

La Estufa Fría es un invernadero cubierto por láminas de bambú, con plantas exóticas que viven en un hábitat siempre húmedo.

derecha se llega a la Rua Santa Marta, paraje humilde pero de gran interés culinario.

Si a la altura de la Rua Alexandre Herculano en vez de a la derecha torcemos a la izquierda, en la primera bocacalle aparece la ***livraria* Buchholz ❻**, un santuario para los amantes de los libros y de las rarezas bibliográficas, con fondo de literatura en varios idiomas.

Una estufa *fría* y otra *querente*

La Avenida da Liberdade desemboca en la Praça **del Marqués de Pombal ❼**, conocida simplemente como *rotunda* (rotonda) por los lisboetas y centrada por un enorme monumento en el que puede verse sobre una pilastra al artífice de la reconstrucción de la ciudad tras el terremoto de 1755. La plaza es un importante nudo de comunicaciones.

Una vez en la plaza si toma a la izquierda la Avenida J. A. D. Aguiar

A LOS HÉROES

Recordando la Gran Guerra

En la Avenida da Liberdade se encuentra el monumento a los héroes de la Primera Guerra Mundial, tributo a los cincuenta mil portugueses que murieron en la contienda contra Alemania y el Imperio Austro-Húngaro.

La Praça del Marqués de Pombal, conocida simplemente como *rotunda* (rotonda) por los lisboetas, se sitúa entre la Avenida da Liberdade y el parque de Eduardo VII.

llegará a Amoreiras, un espectacular y polémico complejo comercial, la obra posmoderna más importante de Lisboa hasta la construcción del Parque das Naçôes, obra del arquitecto Tomás Taveira. Su perfil azul y rosa es visible desde casi toda la ciudad; los fines de semana es uno de los lugares con más ambiente.

De regreso a la plaza del Marqués se puede ver a la derecha, por la Rua das Amoreiras, el Aqueduto das Aguas Livres, una canalización del siglo XVIII que llevaba el agua potable al centro de la ciudad.

De nuevo la plaza del Marqués de Pombal, crúcela y acceda a los enormes jardines que se vislumbran al otro lado. Es el **parque de Eduardo VII** ❽**,** de estilo francés. En su extremo noroeste se encuentra la Estufa Fría, un invernadero especialmente agradable en verano, lleno de plantas exóticas que viven en un hábitat permanentemente húmedo. También, aunque no siempre abierta al público, está la Estufa Querente, con estanques de nenúfares, cactus y aves tropicales. A poca distancia, aún dentro del parque, está el Pavilhão Carlos Lopes, que rinde homenaje al ganador maratón olímpico de 1984; destacan sus interesantes paneles de azulejos.

La Fundación Calouste Gulbenkian

Hay que seguir la Avenida António Augusto de Aguiar hasta llegar al principal centro cultural de Lisboa, la Fundación Calouste Gulbenkian, que alberga el Centro de Arte Moderna y el Museo Calouste Gulbenkian.

El **Centro de Arte Moderna** ❾ ocupa un edificio construido en 1983 por el arquitecto Leslie Martin y cuenta con una colección permanente formada por cuadros y esculturas de artistas portugueses de los siglos XX y XXI. También se dedica a promocionar el arte contemporáneo y programa

CALOUSTE GULBENKIAN

El amante de las artes

El Museo Gulbenkian se creó a partir de la donación de la colección particular del propio Calouste Gulbenkian, singular filántropo de origen turco.

Siendo aún un muchacho, Calouste Gulbenkian acumuló una fortuna en el negocio del petróleo; era conocido como "señor cinco por ciento" porque obtenía una comisión del 5% en los beneficios de la extracción del entonces recién descubierto petróleo iraquí. Ya rico, se dedicó a recorrer el mundo adquiriendo obras de arte; para ello, negoció la cesión de piezas del Museo del Hermitage (San Petersburgo) y recorrió China, Japón y la antigua Persia empleando con habilidad el arte del regateo. En 1942 se trasladó a Lisboa procedente de París y aquí vivió hasta su muerte, en 1955. En su testamento donó la vasta colección que había ido acumulando al Estado portugués. Hoy constituye el fondo principal de la Fundación Calouste Gulbenkian.

CALOUSTE GULBENKIAN, filántropo cuya herencia fue el origen de la Fundación Calouste Gulbenkian.

exposiciones temporales de gran interés, por lo que vale la pena informarse sobre la programación del momento.

El **Museo Gulbenkian** ⑩ dispone de una espléndida exposición permanente dividida en siete áreas. En las salas dedicadas a Egipto, la Antigüedad y Mesopotamia destacan una máscara funeraria bañada en oro y una estela asiria. En la zona de arte oriental islámico, además de las alfombras persas, llaman la atención unas singulares lámparas de mezquitas sirias y ejemplares manuscritos del Corán. También es importante la colección de porcelana china, la pintura europea de los siglos XV al XVII.

Un *glamour* venido a menos

La Fundación Calouste Gulbenkian está rodeada de jardines en los que se puede descansar; aunque incluso aquí hay más cosas que ver: una colección de escultura al aire libre que incluye *Mujer acostada*, de Henry Moore. La ruta continúa hacia la **Praça de Touros** ⑪ de Campo Pequeño, el coso taurino lisboeta, en el que se celebran corridas de junio a septiembre.

Si aún le quedan fuerzas, puede acercarse a la **Avenida da Roma** ⑫, donde, aunque con menos *glamour* del que tenía unos años atrás, aún abundan *boutiques* y tiendas exclusivas de las mejores marcas.

Jardines de la Fundación Calouste Gulbenkian.

LUGARES DE INTERÉS DESTACADOS.

① Avenida da Liberdade
② Praça dos Restauradores
③ Cinema Tívoli (Avenida da Liberdade) ④ Casa Lambertini (Avenida da Liberdade)
⑤ Cinemateca Portuguesa (Avenida da Liberdade)
⑥ Livraria Buchholz (rua Duque de Palmela) ⑦ Praça del Marqués de Pombal
⑧ Parque de Eduardo VII
⑨ Centro de Arte Moderna (rua Dr. Nicolau Bettencourt) ⑩ Museo Gulbenkian (Avenida de Berna)
⑪ Praça de Touros (Campo Pequeño)
⑫ Avenida da Roma

5

DEL MUSEO DE AZULEJOS A LA TORRE DE BELÉM

La Lisboa que mira al río

Lisboa no tiene mar. Pero como si lo tuviera. Porque el Tajo es aquí un río con vocación de océano, la antesala de mundos de ultramar, el origen de la ciudad, aunque ésta haya vivido enfadada con él durante demasiado tiempo. Las últimas remodelaciones urbanas han abierto Lisboa a ese río-mar que forma el estuario. Es la Lisboa ventosa que mira al Tajo, la Lisboa *ribeirinha* y *cacilheira* (de aquí salen los barcos a Cacilhas), toda la vida en obras y oliendo a sal.

Esta ruta recorre la Lisboa casi napolitana y golferas de la orilla del río. La del muy activo Cais do Sodré, la de la plaza del Comercio, la de la torre de Belém, la de Santa Apolonia y la de Alcántara, con sus marchosas *docas*, bajo el puente del Veinticinco de Abril, un hervidero los fines de semana.

Esa Lisboa que huye de Lisboa sobre todo a la derecha, hacia el Atlántico. Pero para empezar situémonos en la Praça do Comércio y vayamos al revés, hacia la izquierda, río arriba por la Avenida Infante Dom Henrique hasta el Museu Nacional do Azulejo ① (Rua Madre de Deus, 4), cercano a la estación marítima da Rocha. Se llega en el autobús 104 desde la Praça do Comércio o en el 105 en Praça da Figueira. Su colección de azulejos es única, no en vano éste es un país que ha hecho de los murales de azulejos una de sus señas de identidad artística. El museo ocupa el antiguo convento de Madre de Déus, que conserva un elegante claustro manuelino.

De vuelta a la Praça do Comércio, ahora sí, tomamos la dirección del río, la Marginal, la carretera que

↑ La torre de Belém, patrimonio mundial, fue construida en el siglo XVI para defender la desembocadura del Tajo y el cercano *mosteiro* dos Jerónimos.

← El célebre puente Venticinco de Abril, sobre el estuario del Tajo, inaugurado con el nombre de puente Salazar y posteriormente renombrado con la fecha de la Revolución de los Claveles.

desde el Cais de Sodre ❷ (un importante intercambiador de comunicaciones urbanas) recorre la *linha* de mar hacia Cascais y Estoril.

La siguiente parada es el barrio de Santos, uno de los menos explorados y a la vez de los más bonitos. Antes industrial, el distrito es conocido hoy como el barrio del diseño, y no sólo porque Armani, Domo, Paris-Sete, Laviani o Boffi Studio tienen aquí sus tiendas, sino porque los comercios, los bares y restaurantes de Santos se encuentran entre los mejores concebidos de la ciudad.

En el barrio de Alfama se pueden ver en las fachadas pequeños azulejos con refranes y frases relacionados con el fado o con las tradiciones populares.

Para empezar por lo viejo: el principal museo público del país, el Museu Nacional de Arte Antiga ❸, está en este barrio (Rua das Janelas Verdes, 9). Tiene un magnífico jardín y guarda una colección de 44.000 piezas. Junto a las artes aplicadas, destaca la pintura, con obras de Piero della Francesca, Cranach, Durero o El Bosco; grandes ejemplos de la escuela portuguesa (Sequeira, Nuno Gonçalves) y algunas muestras de la impresionante expansión que este pequeño país hizo hasta los confines del mundo, desde Brasil a Macao, visibles en esos biombos japoneses Nambam que representan las carabelas lusas.

En la misma calle del museo está el exclusivo York House ❹, hotel con encanto y restaurante que ofrece un silencio y una paz que parecen (de hecho, es un convento del XVII), y andando en paralelo hacia el río es

VERY TRENDY

La discoteca de moda

Uno de los locales nocturnos más selectos es Lux (avenida del Infante Dom Henrique), del que es copropietario el actor John Malkovich. Sus tres plantas dejan espacio para la discoteca, el *lounge* y una terraza: Manuel Reis, también dueño, se ha encargado de este interior mutante, uno de los locales más *trendy* de Lisboa.

En Alfama, la vieja Lisboa de los callejones en cuesta con el río al fondo, se puede disfrutar de una cena mientras se escuchan fados en directo.

obligado dar una vuelta por el Largo Vitorino Damásio, una plaza triangular con unas casas tan simples como inolvidables. Allí mismo está el restaurante Cop'3, moderno y muy premiado.

Como curiosidad, sana, no deje de visitar la farmacia Azoriana ❺ (largo Conde de Barão), una de las más antiguas de Lisboa, que a la hora de la comida atiende a los clientes con música clásica en directo al piano: Mozart, Chopin... y aspirinas. Y si se hace de noche, en la misma calle está el B. Leza, la sala caboverdiana donde mejor se baila la *kizomba*.

Un poco más arriba del río, subiendo las cuestas, está Madragoa, otro barrio maravilloso, bohemio y fadista, castizo y antiguo, hoy de moda y nocturno. Ya no quedan pescadores ni herreros, pero aquí viven todavía las últimas lavanderas de Lisboa. En el Lavadero de las Francesinhas ❻, único vestigio que quedó del viejo convento destruido por el terremoto de 1755, lava alguna mujer por las tardes.

De vuelta a la orilla del río seguimos hacia la desembocadura hasta que aparece el Mosterio de los Jerónimos ❼, obra cumbre del arte manuelino portugués. El monasterio fue construido en tiempos de Dom Manuel I con el dinero llegado de ultramar en los galeones portugueses, cuando Portugal poseía un imperio que se extendía por África, América y Asia. Se caracteriza por la minuciosidad del arte escultórico y por la profusión de temas marineros. La fachada principal es obra de Joâo del Castilho e incluye una estatua de Enrique el Navegante, el monarca portugués que más hizo por convertir el país en una potencia naval. El interior es de una sola nave, pero la pieza más impactante es el doble claustro gótico-renacentista, obra del mismo arquitecto.

Al lado de esta obra del XVI se levanta otra no menos emblemática de finales del XX: el Centro Cultural Belém ❽. Se trata de un edificio sobrio finalizado en 1993, obra de los arquitectos Vittorio Gregotti y Manuel

UN DÍA EN SETÚBAL

El *ferry* de los delfines

Si el viajero viene en coche o lo alquila y tiene un día más o menos libre y le gustan la playa y el aire libre, la excursión más fantástica que pueda hacer es a Setúbal y la playa de Troia.

Para llegar a Setúbal hay que salir de Lisboa por el puente 25 de Abril, se sigue por la autopista unos 45 kilómetros y una vez en Setúbal se busca el puerto, se sienta uno a comer en alguna de las numerosas terrazas, se piden sardinas asadas por obligación y algo más a voluntad, se come todo y se paga la cuenta, se dirige uno al *ferry* que va hacia Troia, mete el coche con él o se embarca andando, se asoma por la borda para ver los delfines que a veces nadan por la bahía (sólo algunos los ven, al atardecer), luego desembarca en Troia, anda unos cientos de metros y de repente está en el Caribe. Bueno, el agua está gélida y no hay cocoteros, pero la playa es un espectáculo de una longitud y una blancura interminables.

SETÚBAL ES UNA CIUDAD de Portugal, cerca de Lisboa, junto al estuario del Sado.

Salado, que alberga salas de exposiciones, restaurantes, cafetería, y cuenta con una terraza, con un jardín muy bien proyectado, con vistas al Tajo, donde en verano se celebran conciertos. Todo el mundo en Lisboa lo critica pero todos acuden a él en masa los fines de semana porque es el referente de la noche lisboeta. Dentro se acondicionó el Museo de Diseño 9, reabierto en 2003, que propone un recorrido ordenado e interesante por lo mejor del mobiliario desde 1937 hasta hoy. Un buen sitio para comer aquí, con una curiosa decoración entre lo tradicional y lo *kitsch*, es Caseiro (Rua Belém, 35), restaurante de comida típica portuguesa decorado con billetes de distintas nacionalidades que cuelgan del techo y monedas metidas entre los ladrillos. Por la noche, los muelles se animan y la orilla del Tajo se llena de vida. Delante del Centro Cultural se alza el Monumento dos Descubrimientos 10, construido en 1960 para conmemorar el V centenario de la muerte de Enrique el Navegante justo en el sitio desde el que zarpaban los antiguos galeones. Un poco más adelante, la torre de Belém 11, con su emblemática figura, nos vuelve a recordar las esencias de la arquitectura manuelina. Tenía como misión defender la entrada del puerto y sirvió como prisión hasta bien entrado el siglo XIX.

El Centro Cultural Belém alberga salas de exposiciones, restaurantes y cafetería. También cuenta con una terraza con vistas al Tajo, donde en verano se celebran conciertos.

LUGARES DE INTERÉS DESTACADOS.

1 Museu Nacional do Azulejo (Rua Madre de Deus, 4) 2 Cais de Sodre 3 Museu Nacional de Arte Antiga (Rua das Janelas Verdes, 9) 4 York House (Rua das Janelas Verdes) 5 Farmacia Azoriana (largo Conde de Barão) 6 Lavadero de las Francesinhas (Rua das Francesinhas) 7 Mosterio de los Jerónimos 8 Centro Cultural Belém 9 Museo de Diseño 10 Monumento dos Descubrimientos 11 Torre de Belém

Lisboa en 48 horas

Primera mañana

08.00
LA PRAÇA DO COMÉRCIO
El primer contacto con la ciudad de cualquier viajero que llegue a Lisboa debe ser la Praça do Comércio, punto de convergencia de numerosos tranvías y autobuses. **Está flanqueada en tres de sus lados por edificios con soportales y abierta al río Tajo en su cuarto lado.** En su lado norte, en medio de los edificios, se levanta el gran Arco de Triunfo, con estatuas de Viriato, Nuno Alvares, Pombal y Vasco da Gama. Al cruzarlo, el viajero entrará en la Rua Augusta y el barrio de Baixa.

08.30
EL ROSSIO
Cruzado el arco, se accede al corazón del barrio de Baixa, amplia zona peatonal repleta de escaparates. Siguiendo la Rua Augusta hasta el final se llega a la Praça de Rossio, también llamada de Pedro IV, la más emblemática de Lisboa. **Allí hay que prestar atención al Teatro Nacional Doña María II, de factura neoclásica, la *tabaccaria* Monaco, con azulejos en su fachada, y el café Nicola, con elementos *art déco*,** antiguo punto de encuentro de escritores en cuya terraza el viajero puede parar para tomar un tentempié.

10.00
SANTO ANTÓNIO À SÉ
La *igreja* de Santo António à Sé, en el barrio de Alfama, es un templo del siglo XVIII construido sobre los restos de una iglesia destruida a causa del terremoto ocurrido en 1755. **En la fachada puede verse una curiosa combinación de estilo barroco con columnas jónicas, y en el interior, un mural de azulejos recuerda la visita realizada por Juan Pablo II en 1982.** Justo al lado, el Museo Antoniano muestra diversos objetos relacionados con san Antonio de Padua, su culto y su devoción.

11.30
LA SÉ

A continuación se debe volver a la Baixa y seguir la Rua da Prata hasta la Rua de São Julião, allí girar a la izquierda y caminar hasta el Largo da Sé para visitar la Sé (catedral), una de las pocas construcciones que salieron ilesas del terremoto de 1755. **Tiene un impresionante aspecto de fortaleza y en su interior destaca un baptisterio del siglo XVI con bellos azulejos, donde, según la tradición, fue bautizado San Antonio.** En el ábside se encuentra la capilla mayor, barroca y neoclásica; en la capilla de San Vicente Mártir están los restos de un ábside románico.

✉ Largo Santo António da Sé
⊙ de 8.00 a 17.30; museo, de 10.00 a 13.00 y de 14.00 a 18.00; lunes y festivos, cerrado.

13.00
***ESCADINHAS* DE SANTO ESTÊVÃO**

Cerca de la Sé, las *escadinhas* de Santo Estêvão están formadas por varios tramos, cada uno de ellos con una orientación distinta. Una sección de la escalera rodea la *igreja* de Santo Estêvão, reconstruida, como tantas otras, tras el terremoto de 1755, de la que merece la pena ver los azulejos de la antigua sacristía y los cuadros de Bernardo Pereira y Pedro Alexandrino. **Desde lo alto de las *escadinhas* se contempla una de las estampas más típicas de Alfama,** dominada por los tejados y patios de las casas bajas y las aguas del estuario del Tajo al fondo.

13.20
MUSEU MILITAR

Sin salir de Alfama, el Museu Militar, situado sobre un depósito de armas del siglo XVIII, alberga **una amplia colección de objetos militares utilizados a lo largo de la historia que evocan el pasado militar portugués.** En la primera sala está dedicada a Vasco da Gama: viejos cañones y murales ilustran sobre las primeras rutas que este descubridor realizó hacia el Lejano Oriente. En el piso superior hay armamento de la Primera Guerra Mundial, y en el patio, los murales de azulejos muestran la historia de Portugal.

✉ Largo do Museu da Artilharia
⊙ de 10 a 17; lunes cerrado.

Primera tarde

14.00
ALMUERZO Y VISTAS

A la hora de almorzar hay que entrar en un restaurante de Alfama, por ejemplo, A Tasca da Sé, junto a la catedral, económico y con comida casera, o en Restô, más lujoso, con impresionantes vistas sobre la Baixa y el Bairro Alto al fondo. Luego, **un pequeño paseo por las callejuelas de Alfama acercará al visitante al mirador de Santa Luzia**; vale la pena fijarse en el mosaico que hay en el muro exterior del templo y los azulejos del interior.

15.30
PANTEÃO NACIONAL

Tras el almuerzo se puede realizar un paseo hasta el Campo de Santa Clara, donde se encuentra **la *igreja* de Santa Engrácia, que alberga el Panteão Nacional.** El templo, cubierto de mármoles en su interior, destaca por su enorme cúpula. En el panteón descansan los restos (o, en caso contrario, hay monumentos) de personajes históricos y literarios, como Vasco da Gama, Enrique el Navegante, el poeta Luis de Camões o la cantante de fados Amália Rodrigues.

✉ Campo de Santa Clara; ⏲ de 10.00 a 17.00, lunes cerrado.

16.30
EL MOSTEIRO DE SÃO VICENTE

São Vicente de Fora, en la Rua do Limoeiro, es un recinto monástico **en cuya iglesia, decorada con mármoles y azulejos, hay un órgano barroco con tallas de madera de tamaño natural a ambos lados.** En el antiguo monasterio agustino adjunto destacan los viejos azulejos, una antigua cisterna y el impresionante panteón de los Braganza, donde reposan los restos de casi todos los reyes y reinas de esta dinastía, desde el primero, João IV, hasta Manuel II, último rey de Portugal.

18.00

IGREJA Y MIRADOR DE SANTA LUZIA

Luego, un pequeño paseo por las callejuelas de Alfama acercará al viajero al mirador de Santa Luzia, junto a la iglesia homónima, ideal para contemplar el barrio de Alfama y el río Tajo; es en realidad un pequeño jardín **donde siempre, además de turistas contemplando las vistas, hay vecinos jugando al _backgammon_ o a las cartas bajo la sombra de una pérgola.** Vale la pena fijarse en los mosaicos que hay en el muro exterior del templo.

18.30

EL CASTELO DE SÃO JORGE

La penúltima cita del día es el Castelo de São Jorge, y no por casualidad. **Los atardeceres desde aquí son los más inolvidables de Lisboa.** Se entra por el arco de São Jorge, junto a la Casa del Gobernador (con una tienda de recuerdos); desde allí se llega al antiguo patio de armas, luego se pasa junto a los pocos vestigios que quedan de la capilla real, cerca de la cual están las antiguas prisiones y las viejas dependencias reales.

✉ Castelo de São Jorge, Rua do Chão da Feira;
⏲ de 9.00 a 21.00.

20.00

IGREJA DE GRAÇA

Desde el Castelo, un paseo andando lleva hasta el mirador de Graça (para los más cansados, también se puede llegar con el tranvía 28), donde se encuentra la iglesia del mismo nombre, con un campanario del siglo XVIII y un interior rococó revestido en gran parte de azulejos. También en el interior pueden verse pinturas de João Vaz Amaral, así como una imagen de Cristo ataviado con ropajes de color escarlata, portando la cruz; **todos los años, el segundo domingo de Cuaresma, la imagen se saca en procesión por el barrio de Graça.** El templo formaba parte de un antiguo convento agustino, aunque hoy las dependencias monacales han sido convertidas en un cuartel militar.

✉ Largo da Graça

Segunda mañana

09.00

PADRÃO DOS DESCOBRIMENTOS

La segunda mañana transcurrirá en Belém, antiguo pueblo hoy incorporado a Lisboa. Para llegar, se puede tomar el tranvía 15 en la praça do Comércio; el recorrido dura 20 minutos. La primera cita del día es el descomunal Padrão dos Descobrimentos (monumento a los Descubrimientos), **de 52 metros de altura y con forma de carabela, en cuya proa puede verse la estatua de Enrique el Navegante.** Otros personajes representados son Alfonso V, Vasco da Gama, Fernão de Magalhães, Diogo Cão, el poeta Luís de Camões, el pintor Nuno Gonçalves y una larga lista de treinta prohombres. Se puede subir a lo alto del monumento en un ascensor.

✉ Avenida de Brasilia;
⊙ de 9.00 a 17.00, lunes cerrado

10.00

LA TORRE DE BELÉM

La siguiente cita del segundo día es la torre de Belém, declarada patrimonio mundial por la Unesco, tal vez el monumento más emblemático de Lisboa. **Fue construida en el siglo XVI por orden de Manuel I para defender la desembocadura del Tajo y el cercano mosteiro dos Jerónimos,** y durante muchos años fue el punto de embarque para los barcos que zarpaban para abrir nuevas rutas marítimas. La torre, una verdadera joya de la arquitectura, mezcla con gran armonía los estilos gótico temprano, bizantino y manuelino.

✉ Torre de Belém, Avenida da Índia;
⊙ de 10.00 a 18.30.

10.30

CENTRO CULTURAL BELÉM

A continuación hay que acercarse al Centro Cultural Belém, moderno edificio construido en 1990. En pocos años se ha convertido en un **referente imprescindible a la hora de hablar de la vida cultural portuguesa,** especialmente de música, artes escénicas y fotografía, pues cuenta con un Museo del Diseño un pabellón de exposiciones, donde pueden verse muestras artísticas temporales contemporáneas de prestigio. También hay actuaciones musicales y espectáculos de danza.

✉ Praça do Império;
⊙ de 9.00 a 22.00.
Museo del Diseño y pabellón de exposiciones, de 11.00 a 20.00.

11.30
EL MOSTEIRO DOS JERÓNIMOS

Este impresionante monasterio, también patrimonio mundial, es la mejor muestra del estilo manuelino y **simboliza el esplendor de Portugal durante la época de los grandes descubrimientos.** En su iglesia, que culmina en una bóveda de crucero de 25 metros, están las tumbas de Vasco da Gama y Luís de Cãmoes. También merecen especial atención el refectorio, el pórtico sur, el claustro, la fuente con forma de león y las sillas del coro. En la sala del Tesoro hay una colección de orfebrería arcaica y en el ala moderna del recinto se encuentra el Museu Nacional de Arqueologia.

✉ Praça do Império;
⊙ de 10.00 a 18.00; lunes cerrado.

12.30
MUSEU NACIONAL DE ARQUEOLOGIA

En una de las alas más modernas del monasterio de los Jerónimos se encuentra el Museu Nacional de Arqueologia, el más completo del país en su estilo, **donde se exponen cerámicas, armas, joyas y estelas, desde la prehistoria hasta las épocas romana y musulmana,** todas ellas encontradas en Portugal. Pueden verse máscaras funerarias, talismanes de barro cocido, conos funerarios con jeroglíficos, momias, sandalias, peines e, incluso, pequeños cocodrilos momificados. Su colección de orfebrería está considerada la mejor de toda la península Ibérica.

✉ Praça do Império, ala decimonónica del mosteiro dos Jerónimos;
⊙ de 10.00 a 18.00, martes de 14.00 a 18.00, lunes cerrado.

13.30
MUSEU NACIONAL DOS COCHES

La antigua escuela real de equitación está hoy ocupada por este recinto museístico que muestra una colección de carruajes de los siglos XVII al XIX. **El más antiguo de todos es la berlina que el rey español Felipe II utilizó en su visita a Portugal en 1619,** con un techo esférico y dorado. También llaman la atención los tres carruajes utilizados por la embajada portuguesa en el Vaticano en su visita al papa Clemente XI, con una decoración que narra en forma de imágenes los descubrimientos portugueses en América y el Lejano Oriente. Un taxi del siglo XIX recuerda que, hasta 1990, los colores de los taxis eran el negro y el verde.

✉ Praça Afonso de Albuquerque;
⊙ de 10.00 a 18.00; lunes cerrado.

Segunda tarde

14.00

LA RUA GARRETT

Luego hay que dirigirse a la Rua Garrett, vieja calle comercial con tiendas y establecimientos de gran solera, que constituye el centro y corazón del barrio del Chiado. Para llegar, lo mejor es tomar el tranvía número 15. **En esta singular calle, que debe recorrerse de un extremo al otro, pueden verse lugares tan interesantes como el café Brasileira; la livraria Bertrand,** fundada en el siglo XVIII, con encanto por doquier, y la *igreja* de Loreto, de estilo barroco, con pinturas en su interior que imitan estatuas.

14.30

EL PARQUE DE EDUARDO VII

Como la siguiente cita es el parque Eduardo VII, el almuerzo puede realizarse en algún buen restaurante de la Avenida da Liberdade, como Ad Lib o La Caffé. **Tras la comida y un tranquilo paseo por este amplio bulevar, se llega al parque de Eduardo VII, de estilo afrancesado.** Se trata de una colina de 25 hectáreas con senderos con dibujos en forma de mosaico que ascienden hasta el mirador de la cima, desde donde, debido a la inclinación del terreno, puede verse una amplia panorámica de los barrios bajos con el río Tajo al fondo.

✉ Estufa Fría
🕘 de 09.00 a 17.30.

15.00

MUSEU NACIONAL DO CHIADO

La siguiente cita es este museo, que ocupa el antiguo convento de São Francisco da Cidade. Prácticamente destruido en el incendio de 1988, fue remodelado por el arquitecto francés Wilmotte, que proyectó **un espacio abierto, unido por pasarelas que dejan ver las estructuras del edificio original.** Cuenta con una muestra de pinturas, esculturas y dibujos de antiguos artistas portugueses, además de un recinto donde hay exposiciones de artistas contemporáneos.

✉ Rua Serpa Pinto, 4;
🕘 de 10.00 a 18.00, martes de 14.00 a 18.00, lunes cerrado.

15.30

IGREJA DE SÃO ROQUE

Entrando en el Bairro Alto se encuentra la *igreja* de São Roque, de fachada sencilla pero con un interior espectacular, especialmente el techo de madera, decorada con pinturas que representan escenas del Apocalipsis. En sus capillas, realzadas a base de mármoles de colores, hay verdaderas joyas, como **los azulejos de la tercera capilla de la derecha, del siglo XVI, dedicados a san Roque,** patrón de los enfermos de peste, o los cuadros dedicados a san Francisco Javier de la segunda capilla. En las dependencias anexas al templo está el pequeño Museu de Arte Sacra, con relicarios, vestimentas y otros objetos religiosos.

✉ Largo Trindade Coelho;
⏲ de 8.30 a 17.00; museo de 10.00 a 17.00.

17.00

LA FUNDACIÓN GULBENKIAN

En su impresionante museo hay una sala de exposiciones temporales y una amplia exposición permanente dividida en siete grandes áreas: arte egipcio, clásico y mesopotámico; arte del Oriente islámico; arte asiático; arte europeo de los siglos XV al XVII, arte europeo de los siglos XVIII y XIX; artes decorativas francesas del siglo XVIII, y la colección Lalique.

✉ Avenida de Berna, 45;
⏲ 10.00 a 18.00, cerrado lunes.

20.00

CENA CON FADO

El fado es una de las grandes señas de identidad de Lisboa y de todo el país, por lo que una visita a la ciudad no puede terminar sin asistir a un espectáculo mientras se cena. **Hay buenos restaurantes que ofrecen este nostálgico género musical en muchos lugares.** Se puede elegir entre Adega do Machado, Arcadas do Faia o Nono, en el Bairro Alto, y A Baîuca, Clube de Fado, Taverna del Rei o Mesa de Frades, en el barrio de Alfama.

Datos útiles de Lisboa

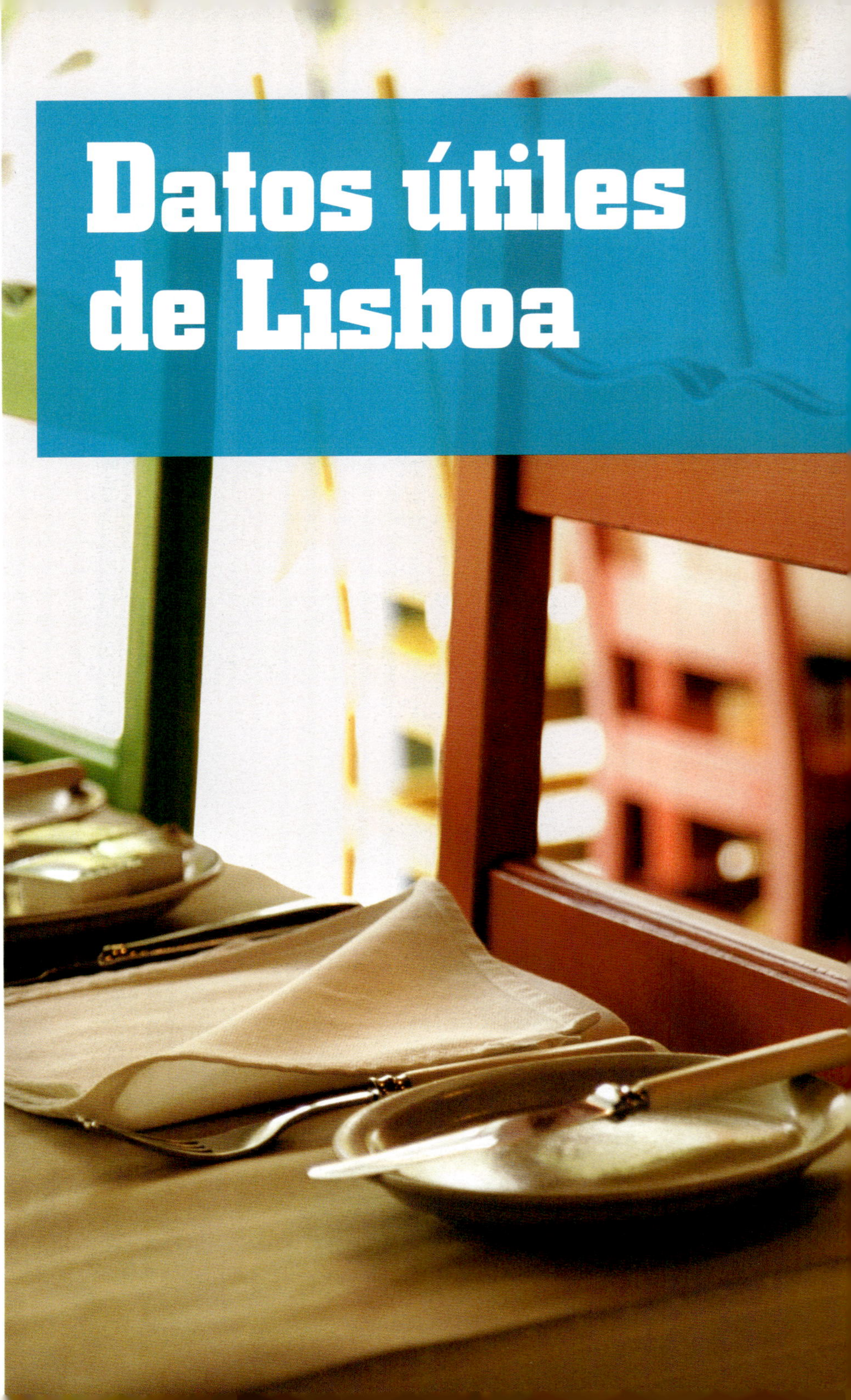

Consulta el pronóstico meteorológico y el callejero en www.guiacampsa.com o www.repsolypf.com.

Museos

La riqueza museística de Lisboa abarca más de cuarenta recintos que muestran todo tipo de objetos. Además de la Fundación Gulbenkian o el Museu Nacional do Azulejo, hay casas-museo que merecen atención especial.

CASA-MUSEU DE AMÁLIA RODRIGUES
Antigua mansión donde vivió la cantante de fados más importante del siglo pasado y que se ha convertido en cita obligada de los amantes de este género musical.
✉ Rua de Sã Bento, 193.
⊙ de 10.00 a 13.00 y de 14.00 a 18.00, lunes cerrado. Cerrado el domingo de Pascua, el 1 de mayo y el 25 de diciembre.

CASA-MUSEU DE FERNANDO PESSOA
Se trata de la casa donde el poeta pasó los últimos años de su vida. Recientemente reformada, en ella se guardan las obras, archivos y otras pertenencias del poeta. En la entrada puede verse, en el suelo, un dibujo basado en su carta astral.
✉ Rua Coelho da Rocha, 16 (Campo de Ourique).
⊙ de 10.00 a 18.00, jueves de 16.00 a 20.00, sábado y domingo cerrado. Cerrado el 1 de mayo y el 25 de diciembre.
www.casafernandopessoa.com

MUSEU NACIONAL DE ARTE ANTIGA
Instalado en el antiguo palacio de los Condes de Albor, destaca por sus colecciones de arte europeo, que abarcan pintura, escultura, textiles, muebles y cerámica. La obra más llamativa es el *Políptico de la Adoración de san Vicente*, de Nuno Gonçalves.
✉ Rua das Janelas Verdes.
⊙ de 10.00 a 18.00, martes de 14.00 a 18.00, lunes cerrado. Cerrado el Domingo de Pascua, el 1 de mayo y el 25 de diciembre.
www.mnarteantiga-ipmuseus.pt

MUSEU ARQUEOLÓGICO DO CARMO
Vale la pena visitar sus momias egipcias y peruanas, y sus sepulcros tallados del siglo XIV.
✉ Largo do Carmo, 1200.
⊙ de 10.00 a 18.00.
http://museusportugal.org/aap/

MUSEU DO CHIADO
Destacan las esculturas de Rodin y los paneles del portugués José de Almada Negreiros.
✉ Rua Serpa Pinto, 4
⊙ martes, de 10.00 a 14.00; y de miércoles a domingo, de 10.00 a 18.00.
www.museudochiado-ipmuseus.pt
Cuesta tres euros.

MUSEO DEL DISEÑO
En el Centro Cultural de Belém; alberga piezas como la silla

Wigle Side de Frank O. Gehry.
Praça do Império.
de 11.00 a 20.00.
www.ccb.pt
Cuesta tres euros.

MUSEU NACIONAL DO AZULEJO
En Nossa Senhora de Madre Deus, del siglo XVI, ilustra la historia del azulejo.
Rua Madre de Deus, 4.
de miércoles a sábado, de 10.00 a 18.00; martes, de 14.00 a 18.00. Domingos y festivos, de 10.00 a 14.00.
www.mnazulejo-ipmuseus.pt

Restaurantes

Lisboa cuenta con una gran variedad de restaurantes para todos los bolsillos. Se acostumbra a almorzar y cenar un poco antes que en España y muchos establecimientos cierran los domingos.

A TASCA DA SÉ
Junto a la catedral, ofrece platos caseros. Está decorado con azulejos de tonos ocres y marrones.
Rua Augusto Rosa, 62 (Alfama).
Teléfono 218 875 551.

A TASQUINHA
Taberna típica, quizá excesivamente llena de turistas, que ofrece pescado y carnes a la brasa.
Largo do Contador Nor, 6 (Alfama).
Teléfono 218 876 899.
Domingo cerrado.

AD LIB
Ofrece una singular mezcla de cocina francesa y portuguesa.
Av. da Liberdade, 127.
Teléfono 213 228 350.
Domingos y festivos, de 10.00 a 14.00.

CAFÉ DO IMPÉRIO
Cervecería de gran solera instalada en un viejo cine cuya especialidad es el *bifé da casa*, muy apreciado por su salsa.
Av. Almirante Reis, 205 (Anjos).
Teléfono 218 475 782.

DIVINA COMIDA
Situado cerca del mirador de Santa Luzia, ofrece cocina de calidad muy elaborada.
Largo de São Martinho, 6 (Alfama).
Teléfono 218 875 599.

FAZ FIGURA
Cuenta con una terraza con espectaculares vistas. Los platos son típicamente portugueses y su especialidad son los pescados.
Rua do Paraíso, 15b (Alfama).
Teléfono 218 868 981.
Sábado mediodía y domingo cerrado.

LA CAFFÉ
Situado encima de la tienda de moda Lanidor, junto al Ad Lib, ofrece cocina internacional de calidad.
✉ Av. da Liberdade, 129.
Teléfono 213 256 736.
Metro Avenida

PATEO 13
Típico restaurante de Alfama, con ambiente familiar, carnes y pescados a la brasa.
✉ Calçadinha de São Estêvão, 13 (Alfama).
Teléfono 218 882 325.
Jueves cerrado.

PORTE DE ALFAMA
Local sin pretensiones pero lleno de encanto, típico del barrio de Alfama. Los sábados por la noche hay fado en directo.
✉ Rua São João de Praça, 17 (Alfama).
Teléfono 218 864 536.

RESTAURANTE PANORÂMICO TORRE
Lujoso restaurante giratorio situado en lo alto de la torre Vasco da Gama, que permite contemplar todo el estuario del Tajo y el Parque das Nações en su conjunto. Se accede por un ascensor.
✉ Torre Vasco da Gama (Parque das Nações).
Teléfono 218 939 550.

RESTÔ DO CHAPITÔ
Restaurante y bar de tapas con terraza, donde se respira un ambiente bohemio. Ofrece cocina internacional y especialidades lusas. Permanece abierto hasta las dos de la madrugada.
✉ Costa do Castelo, 7 (Alfama).
Teléfono 218 867 334.

TAVARES
Restaurante de gran prestigio, recientemente restaurado, que ofrece cocina tradicional e internacional de calidad. Se respira lujo por doquier.
✉ Rua da Misericórdia, 37 (Chiado).
Teléfono 213 421 112.
Domingo mediodía y sábado cerrado.

VIAGEM DE SABORES
En los fogones hay un chef de origen francés que prepara excelente cocina de inspiración gala.
✉ Rua São João de Praça, 103 (Alfama).
Teléfono 218 870 189.

Hoteles

La oferta de alojamientos incluye desde pequeñas pensiones de aire decadente hasta lujosos hoteles con suites de ensueño. Algunos ocupan antiguos palacios rehabilitados con gusto. De julio a mediados de septiembre es aconsejable reservar con antelación.

BORGES
Establecimiento sin pretensiones, pero muy limpio y

La música más conocida de Lisboa es el fado, canción nostálgica interpretada por una sola voz y acompañada a la guitarrra.

con precios económicos, situado en pleno Chiado.
✉ Rua Garrett, 108 (Chiado).
Teléfono 213 461 951.
www.hotelborges.com

BOTÂNICO
Que nadie se deje llevar por la fea impresión que causa este edificio de color gris, pues el interior es un mundo aparte.
✉ Rua Mãe d'Agua, 16 (Bairro Alto).
Teléfono 213 420 392.
www.hotelbotanico.net

CASA DE SÃO MAMEDE
Ocupa una antigua mansión del siglo XVIII y ofrece mucho encanto y confort.
✉ Rua da Escola Politécnica, 159 (Bairro Alto).
Teléfono 213 963 166.
www.casadesaomamede.com
Habitaciones desde 100 €.

METRÓPOLE
Situado en el corazón de Lisboa, en pleno Rossio, y construido en la década de 1920 aunque recientemente reformado, tiene una decoración repleta de encanto. Además, ofrece buenas vistas de la Baixa, Alfama y el Castelo.
✉ Rossio, 30 (Baixa).
Teléfono 213 219 030.
www.almeidahotels.com
Habitación doble desde 160 €.

PALÁCIO BELMONTE
Hotel situado en un antiguo palacio del siglo XV que rezuma encanto por doquier.
✉ Páteo Dom Fradique, 14 (Alfama).
Teléfono 218 816 600.
www.palaciobelmonte.com

PORTUGAL
Con una decoración muy cuidada en la que no faltan bellos azulejos, ofrece comodidad, confort y buen servicio.
✉ Rua João das Regras, 4 (Baixa).
Teléfono 218 877 581.
www.hotelportugal.com

SOLAR DO CASTELO
Recientemente inaugurado y decorado con gusto, ocupa las antiguas cocinas del palacio de Alcaçova.
✉ Rua das Cozinhas, 2 (Alfama).
Teléfono 218 870 909.
www.heritage.pt

SOLAR DOS MOUROS
Pequeña pensión de gran personalidad, con *suites* decoradas con elegantes y contemporáneos diseños de Luis Lemos. Está situada en la cuesta que sube hasta el Castelo de São Jorge.
✉ Rua do Milagre de São António, 6 (Alfama).
Teléfono 218 854 940.
www.solardosmouros.pt

Ocio nocturno

La vida nocturna lisboeta es muy variada, pues hay locales para todos los gustos, donde se puede escuchar *house*, *techno*, ritmos étnicos, jazz o pop europeo. Los fines de semana, los locales empiezan a llenarse a partir de las dos de la madrugada.

Lisboa es una ciudad económica.

Disfrutar de un buen restaurante, de un hotel acogedor o salir a tomar algo está al alcance de todos

CAPELA
Discoteca situada en una antigua capilla que ofrece música electrónica experimental y *house*. A partir de la medianoche se llena hasta los topes.
✉ Rua da Atalaia, 45 (Bairro Alto)

CATACUMBAS JAZZ BAR
Siempre hay ambiente de jazz en sus salas, aunque sólo de vez en cuando hay actuaciones en directo.
✉ Travessa Água da Flor, 43 (Chiado).

KAPITAL
Una de las discotecas más en boga, con una clientela moderna entre la que abunda la "gente guapa".
✉ Avenida 24 de Julho, 68 (Baixa).

LUX
Es la discoteca más de moda de Lisboa, con los mejores *disc jockeys* de *house*. En la extravagante decoración interior destacan un zapato gigante y un túnel de espejos. A las cuatro de la madrugada llega la máxima animación.
✉ Rua Gustavo Matos Sequeira, 42 (Santa Apolonia)
www.luxfragil.com

MUSICAIS
Frecuentada por un público mayoritariamente joven, a menudo programa actuaciones en directo de los mejores grupos, tanto los consolidados como los noveles, de la música pop portuguesa.
✉ Doca do Jardim do Tabaco Pavilhão (Alfama).

Última Sé
Entre sus arcadas de piedra se escucha música étnica y *reggae*. Se encuentra detrás de la Casa dos Bicos.
✉ Travessa da Almagem, 1 (Alfama).

ESPECTÁCULOS ADEGA MACHADO
Por la noche, mientras se cena, se puede contemplar primero un espectáculo folclórico y después auténtico fado de Coimbra.
✉ Rua do Norte, 91 (Bairro Alto).
Teléfono 213 224 640.
⊙ Domingo cerrado.

ADEGA DO RIBATEJO
Establecimiento tradicional de ambiente familiar, que programa actuaciones de fado de calidad.
✉ Rua do Diário de Notícias, 23 (Bairro Alto).
Teléfono 917 029 436.
⊙ Domingo cerrado.

MESA DE FRADES
Antigua capilla convertida en restaurante que ofrece especialidades lusas y brasileñas. Se escucha un fado intimista y lleno de nostalgia.
✉ Rua dos Remédios, 139a (Alfama).
Teléfono 218 871 452.
⊙ Lunes cerrado.

NONO
Local informal que por la noche ofrece un menú amenizado con buen fado.
✉ Rua do Norte, 47 (Bairro Alto).
Teléfono 213 429 989.
⊙ Domingo cerrado.

A BAÏUCA
Uno de los establecimientos más singulares de la ciudad, con fado abierto a la participación de todo el mundo. Vale la pena reservar con antelación.
✉ Rua de São Miguel, 20 (Alfama).
Teléfono 218 867 284.

CLUBE DE FADO
Los artistas de fado son de muy buena calidad, pero el ambiente a algunos les puede parecer demasiado turístico.
✉ Rua de São João da Praça, 9 (Alfama).
Teléfono 218 852 704.
www.clube-de-fado.com
Menús a partir de 46 euros.

TABERNA DO EMBUÇADO
Mientras degusta cocina tradicional, el comensal escucha los fados de personajes de la categoría de Tereza Siqueira o Agusto Amaral.
✉ Beco dos Cortumes, 10 (Alfama).
Teléfono 218 865 088.

De compras

La oferta comercial de Lisboa lo abarca prácticamente todo. A continuación se hace una selección de productos típicos .

CAZA DAS VELLAS LORETO
Establecimiento que desde el siglo XVIII fabrica velas y suministra cirios a un gran número de templos de Lisboa.
✉ Rua do Loreto, 53 (Chiado).

CONSERVEIRA DE LISBOA
Los amantes de las conservas tienen aquí su paraíso. Las latas de sardinas y de encurtidos se apilan en columnas interminables.
✉ Rua dos Bocalhoeiros, 34 (Baixa).
Teléfono 218 871 058.

GALERIA DA ARCADA
Anticuario especializado en objetos religiosos donde pueden encontrarse tallas policromas y efigies de santos.
✉ Rua Dom Pedro V, 49 (Bairro Alto).
⏲ de 10.00 a 13.00 y de 15.00 a 19.00, domingo cerrado.

LER DEVAGAR
Librería que hace también las funciones de biblioteca, pues abre hasta altas horas de la noche. Se puede consultar literatura, tomar una copa, ver una exposición y, cómo no, comprar libros.
✉ Rua de São Boanventura, 155 (Bairro Alto).
⏲ de lunes a miércoles, de 10.00 a 24.00; de jueves a sábado, de 12.00 a 24.00; domingo, de 15.00 a 2.00.
www.lerdevagar.com

MERCADO DA RIBEIRA NOVA
Antiguo mercado de alimentación convertido en un gran mercadillo de flores y artesanía. Los domingos tiene lugar un rastrillo para coleccionistas que atrae a muchos curiosos.
✉ Avenida 24 de Julho (Baixa).
www.espacoribeira.p

OUTRA FACE DA LUNA
Uno no sabe muy bien qué encontrará en esta tienda que ofrece desde papel pintado y juguetes antiguos hasta ropa de diseño a la última. Incluso cuenta con su propia cafetería.
✉ Rua da Assunção, 22 (Bairro Alto).

SOLAR DO VINHO DO PORTO
Tienda de vinos instalada en un palacio del siglo XVIII que ofrece todas las variedades imaginables de Oporto. Se realizan degustaciones.
✉ Rua de São Pedro de Alcântara, 45 (Chiado).
Teléfono 213 475 707.
⏲ de 14.00 a 24.00, domingo cerrado.

Además de visitar el Parque das Nações o montar en un tranvía, los más pequeños disfrutarán viendo animales o marionetas.

PARQUE FORESTAL DE MONSANTO
Parque forestal con zonas de recreo infantil y áreas deportivas para todas las edades. Cuenta con una zona de acampada.
Teléfono 218 170 200 / 218 170 201.
www.cm-lisboa.pt/pmonsanto.

MARIONETAS DE LISBOA
Enseña a los niños la fabricación y el manejo de las marionetas mediante talleres y espectáculos interactivos.
✉ Av. da República, 103b.
Teléfono +351 217 965 780.
⊙ Agosto cerrado.
www.marionetasdelisboa.pt

MUSEU DAS MARIONETAS
Expone marionetas tradicionales y los fines de semana organiza espectáculos para los más pequeños.
✉ Largo Rodrigues Freitas, 19 (Alfama).
Teléfono +351 213 942 810.
⊙ de martes a viernes, de 10.00 a 19.00; fines de semana, de 11.00 a 19.00, lunes cerrado.
www.museudamarioneta.egeac.pt
Entrada adultos: 3 €; niños: 1,50 €. Menores de 6 años gratis.

MUSEU DA MARINHA
Todos los fines de semana, en el primer piso de este museo repleto de maquetas de barcos de la Armada portuguesa, abre sus puertas el Museu das Crianças.
✉ Praça do Império (Belém).
Teléfono +351 213 620 019.
⊙ Horario: sábado y domingo, de 10.00 a 17.00.
www.museu.marinha.pt

JARDIM ZOOLÓGICO
Alberga más de dos mil animales, entre los que destacan un elefante capaz de tocar una campana con su trompa, dos osos pandas y un par de rinocerontes blancos. También hay un espectáculo con delfines.
✉ Praça Marechal Delgado Humberto.
Teléfono +351 217 232 910.
Metro estación Jardim Zoológico.
⊙ Octubre a abril, de 10.00 a 18.00; mayo a septiembre, de 10.00 a 20.00.
www.zoo.pt
Entrada adultos: 15 €; niños: 11,50 €.

Prácticamente todos los locales de ambiente homosexual de Lisboa se concentran en los alrededores de la Praça do Príncipe Real.

BAR 106
Tiene estilo, pero sólo se llena los fines de semana.
✉ Rua de São Marçal, 106.
www.bar106.com

BRIC-A-BAR
Buen local para entablar relación con lisboetas y extranjeros.
✉ Rua Cecilio de Sousa, 82-84.
www.bricabardisco.com

PUREX
Frecuentado básicamente por lesbianas, siempre pincha música de calidad.
✉ Rua das Salgadeiras, 28.

TRUMPS
El local más conocido de la noche gay, con dos pistas de baile y un público mayoritariamente joven.
✉ Rua da Imprensa Nacional, 104b.
www.trumps.pt

Mapa de transportes

Idea Original y realización: ARA LLIBRES SCCL ara.
Impreso por: Litofinter, S.A.

Diseño: Júlia Font i Cèl·lula
Edición: Teresa Artigas y Mariano Veloy
Coordinación editorial y maquetación: 3'14, S.L.
Texto: Aurora Torras
Edición gráfica: Mariona Rovira
Cartografía: Enric Sorribas / Geotec
ISBN obra completa: 978-84-9815-127-5
ISBN: 978-84-9815-132-9
Depósito Legal: M-8193-2008

Lisboa

El Viajero *city*

Concisa pero precisa y totalmente actualizada, esta guía propone al viajero un completo recorrido histórico, turístico, gastronómico, en 48 horas y una guía práctica con museos, hoteles, bares y tiendas que no puedes perderte.

Con **5 rutas** para descubrir los secretos de la capital de Portugal: pasear por el centro histórico, adentrarse en los barrios de la Baixa (página 15) o Alfama (página 26), conocer sus estrechas y empinadas calles, admirar los pabellones futuristas (páginas 22 y 25), sus puentes (página 21) y el vasto estuario del Tajo (página 38)...

Además, un recorrido de **48 horas** por los lugares más significativos: la torre de Belém (página 39), la Rua Garrett (página 19), la Fundación Gulbenkian (página 35), su vibrante vida cultural... Lo mejor de Lisboa en dos días.

Con el patrocinio de:

REPSOL

EL PAÍS

ISBN-13: 978-84-9815-132
9 788498 151329